Vehículos al rescate

Los camiones de remolque

por Bizzy Harris

Ideas para padres y maestros

Bullfrog Books permite a los niños practicar la lectura de textos informativos desde el nivel principiante. Las repeticiones, palabras conocidas y descripciones en las imágenes ayudan a los lectores principiantes.

Antes de leer

- Hablen acerca de las fotografías. ¿Qué representan para ellos?

- Consulten juntos el glosario de las fotografías. Lean las palabras y hablen de ellas.

Durante la lectura

- Hojeen el libro y observen las fotografías. Deje que el niño haga preguntas. Muestre las descripciones en las imágenes.

- Léale el libro al niño o deje que él o ella lo lea independientemente.

Después de leer

- Anime al niño para que piense más. Pregúntele: ¿Has visto un camión de remolque alguna vez? ¿Qué estaba remolcando?

Bullfrog Books are published by Jump!
5357 Penn Avenue South
Minneapolis, MN 55419
www.jumplibrary.com

Library of Congress Cataloging-in-Publication Data

Names: Harris, Bizzy, author.
Title: Los camiones de remolque / Bizzy Harris.
Other titles: Tow trucks. Spanish
Description: Minneapolis: Jump!, Inc., [2022]
Series: Vehiculos al rescate | Translation of: Tow trucks.
Audience: Ages 5–8 | Audience: Grades K–1
Identifiers: LCCN 2020055108 (print)
LCCN 2020055109 (ebook)
ISBN 9781636901862 (hardcover)
ISBN 9781636901879 (paperback)
ISBN 9781636901886 (ebook)
Subjects: LCSH: Wreckers (Vehicles)—Juvenile literature.
Automobiles—Towing—Juvenile literature.
Classification: LCC TL230.5.W74 H3718 2022 (print)
LCC TL230.5.W74 (ebook) | DDC 629.225—dc23

Editor: Jenna Gleisner
Designer: Molly Ballanger
Translator: Annette Granat

Photo Credits: kozmoat98/iStock, cover; Siegfried Schnepf/iStock, 1; gpflman/iStock, 3, 22mr; IPGGutenbergUKLtd/iStock, 4; Andyqwe/iStock, 5; Eva-christiane Wilm/Dreamstime, 6, 23tl; ITisha/Shutterstock, 6–7, 9, 23bl; Thinkstock/Getty, 8, 23tr; ThamKC/Shutterstock, 10–11; PBWPIX/Alamy, 12–13; mikedabell/iStock, 14–15; Kunal Mehta/Shutterstock, 16; Vibrant Image Studio/Shutterstock, 17; Cavan/Alamy, 18–19, 20–21; Art Konovalov/Shutterstock, 22t; Miwi97/Dreamstime, 22b; rzelich/iStock, 22ml; algre/Shutterstock, 23br; Volodymyr Krasyuk/Shutterstock, 24.

Printed in the United States of America at Corporate Graphics in North Mankato, Minnesota.

Tabla de contenido

Levanta y remolca

¡Oh, no!

Se descompusó un carro.

¿Qué puede ayudar?

¡Un camión de remolque!

El conductor usa controles.

Estos mueven partes del camión.

control

Mueven una polea.

polea

Esta jala un vehículo hacia arriba de una rampa.

rampa

correa

El conductor amarra
las llantas con correas.

Estas mantienen
el carro fijo.

Este no se puede
salir ni deslizarse
por la rampa.

Este camión de
remolque jala
un vehículo.

Levanta las
llantas de atrás.

Ellas no tocan
el suelo.

14

Este camión de remolque levanta un carro entero.

¡Qué genial!

Algunos camiones de remolque transportan muchos carros.

Algunos transportan máquinas grandes. ¡Guau!

Este camión se salió de la calle.

¡Un camión de remolque ayuda!

Jala el camión
hacia afuera.

Ahora lo
pueden arreglar.

¡Gracias!

Los tipos de camiones de remolque

Hay muchos tipos de camiones de remolque.
¡Échales un vistazo a algunos!

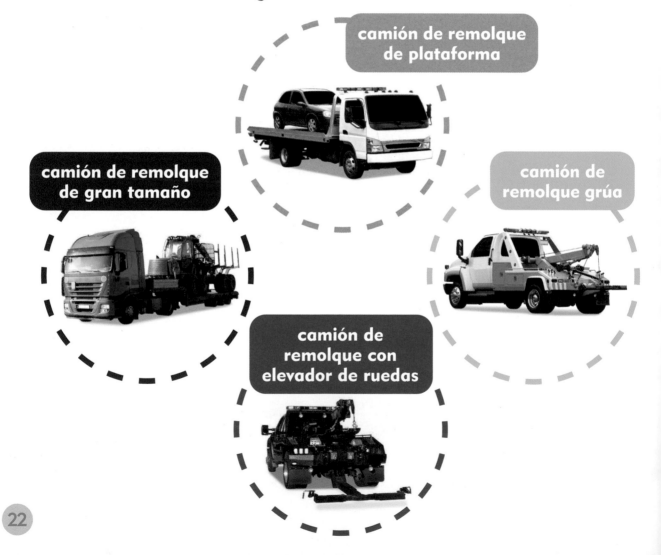

camión de remolque de plataforma

camión de remolque de gran tamaño

camión de remolque grúa

camión de remolque con elevador de ruedas

Glosario de fotografías

controles
Aparatos utilizados
para operar máquinas.

polea
Una llanta sobre la que se
jala una cuerda o cadena
para levantar o bajar un objeto.

rampa
Una plataforma inclinada
que une un nivel con otro.

vehículo
Una máquina, como un carro, un
camión o una camioneta, que se usa
para transportar cosas o a gente.

Índice

Para aprender más

Aprender más es tan fácil como contar de 1 a 3.

FACT SURFER

❶ Visita www.factsurfer.com

❷ Escribe "loscamionesderemolque" en la caja de búsqueda.

❸ Elige tu libro para ver una lista de sitios web.